Zurda

Memoria de la Fiebre

Colección de poesía

Poetry Collection

Feverish Memory

Nidia Marina González Vásquez

Zurda

Nueva York Poetry Press LLC
128 Madison Avenue, Oficina 2RN
New York, NY 10016, USA
Teléfono: +1(929)354-7778
nuevayork.poetrypress@gmail.com
www.nuevayorkpoetrypress.com

Zurda
© 2022 Nidia Marina González Vásquez

ISBN-13: 978-1-7320736-8-5

© Colección *Memoria de la fiebre* vol. 5
(Homenaje a Carilda Oliver Labra)

© Dirección:
Marisa Russo

© Edición:
Francisco Trejo

© Epílogo y texto de contraportada:
Yordan Arroyo

© Diseño de portada:
William Velásquez Vásquez

© Diseño de interiores:
Moctezuma Rodríguez

© Fotografía de portada:
Adobe Stock License

© Fotografía de la autora:
Jorge Charpentier

González Vásquez, Nidia Marina
Zurda / Nidia Marina González Vásquez. 1ª ed. New York: Nueva York Poetry Press, 2022, 124 pp.
5.25" x 8".

1. Poesía costarricense   2. Poesía latinoamericana

Todos los derechos reservados. Esta publicación no puede ser reproducida, ni en todo ni en parte, ni registrada en o transmitida por, un sistema de recuperación de información, en electroóptico, por fotocopia, o cualquier otro, sin el permiso previo por escrito de la editorial, excepto en casos de citación breve en reseñas críticas y otros usos no comerciales permitidos por la ley de derechos de autor. Para solicitar permiso, contacte a la editora por correo electrónico: nuevayork.poetrypress@gmail.com

... aprendió que de entre todas las vidas posibles hay que anclarse a una para poder contemplar, serenamente, todas las otras.

ALESSANDRO BARICCO

Mano derecha

La derecha del padre es un sitio en masculino
y por eso Dios está incompleto y solo,
sin una Diosa del lado izquierdo.
¿Cómo se reconocería ella a sí misma
si su imaginario está lleno de estigmas
y esclavas,
de manos atadas a la espalda
obligadas a que todo trazo provenga del grafismo derecho?
Los hijos, debilidad y fortaleza en medio ardor,
secuestrados para la guerra.
Los poros de la ternura desmoronados.
Desaparece el rostro de la madre
y la orfandad es lo que existe.
No puede brillar lo que se cubre bajo tierra.
Por eso tanto miedo
por esto tanta estafa.
Por eso no tenemos remedio en el averno
y todo se ahoga en la violencia contra Gaia,
contra sus múltiples vientres.
Marginadas
igual que la ternura
o las diferencias de la piel.
Pisoteado el amor
toda esperanza es un añico
a la derecha de un padre sin madre
de un dios con barba y sin pechos.

Mientras la guerra y el abismo
mientras la memoria de todas las cosas,
mientras las amputaciones prevalezcan y falten piezas.
Sin lugar para la Diosa
no hay regreso a ninguna parte.

Principio de fe

1

A diario preciso
de un pequeño altar para la sombra,
el ínfimo abrazo de las mariposas
y un fósforo para encender el sol.
Mi mano zurda nunca fue atada a mi espalda,
nadie me dijo que era siniestra su tinta
creí que su defecto estaba en no resignarse al sosiego
y su torpeza era innata.
No soy culpa del agua,
ni de la neblina y su hermana la Silampa.
No tienen culpa el largo de mis dedos buscadores
de música sin partitura en los fonemas.
Nada de misterio ni de embrujo.
Las simples ceremonias de los solsticios,
magia blanca, intaglio
y falta de cordura sin duda alguna.

2

No he vivido guerra ni guerrillas
pero sus sonidos me estallan en la entraña.
Se dice que a la sombra de este país evitamos el riesgo
y corremos antes del enfrentamiento, fanáticos del olvido,
temo que sea cierto.

No he tenido hambre,
pero la siento doler
y arde en todas partes,
humo inevitable.

El pasado es cada vez menos inofensivo
y cada vez menos son usadas ambas manos
para entender el mundo entre los libros.
El flash de lo inmediato en un Tic-toc
borra la memoria.

3

Al centro de Centroamérica,
aprendí la retícula continental en la pluma de Galeano,
la piel herida y resilente de las mujeres en las páginas de
 Gioconda,
en los poemas de Rosario,
en el analfabetismo de Doña Julia,
y en herida misma.
Dibujo desde las lágrimas que no logro escribir con mi otra
 mano.
A diario preciso de
un pequeño altar para la sombra
el ínfimo abrazo de las mariposas
y un fósforo para encender el sol.
No tengo más
es lo que alcanza mi mano zurda.
El intento del texto,
a veces flauta
a veces signo trepidante que me sobrepasa.
Partituras de esta mano zurda,
el pecho de las preguntas
la sábana clandestina de la periferia
y el giro del tiempo sobre su propio abismo.

LUCIDEZ

> Sí, perdí a mi padre, perdí la patria, pero me quedó la madre,
> la 'matria', la hermana, los hermanos
>
> MARÍA ZAMBRANO

En la Matria
ella es la imagen que primero se desenfoca
para encontrar la nitidez
-catalejo inconforme-.
Ella es el túnel y la salida
al peso de las descalificaciones
que tienen más de tres mil años.
No se trata de ser audaz
en medio de la polaridad y la acidez de las calles,
de la decadencia y el sonambulismo
que corren como humo.
No importa mucho la mano con la que se empuña el lápiz,
nada nombra la línea de su origen.
La clarividencia del paisaje habla en lenguajes
Naturales, y la entiende el asombro,
la lucidez le pertenece.
Llorar **no** es siempre parte del miedo,
y el primer miedo es siempre a la separación.

No se trata de saltar a la memoria sin paracaídas
de coleccionar aristas por pura desidia.
No se trata de hacer lo imposible en un mundo acre.

Se trata de mirar la orilla
de abrazar el salto con garrocha
y darle vuelta al cerrojo
con una mano zurda y femenina,
recordar que la lucidez está en el presente
sin cálculos retorcidos.
Está pintada en una rayuela
sin nudos ni prisas
donde los charcos recuerdan
cómo hacer navegar un barco,
cómo llenarse de nubes y de ballenas
sin necesidad de grandes discursos.
Desnudos recientes
bailar en la sombra de la arena.
Para nombrar la lucidez
habrá que rehacerse
desde la célula
o acaso más atrás,
reescribir la historia
renombrar el reflejo en la lágrima.

DESCUBRIMIENTO

Para Julio

Julio se entera de que es zurdo
cuando su maestra separa la clase en dos filas.
Ese día escolta a una compañera,
-que ahora es igual a él- hasta su casa.
Porque los niños no cargan lista de tachones,
ni la cartilla infame de los linchamientos.
La palabra frontera es un artificio
inexplicable en la azulina medida de su estatura.
La palabra "diferente" es un globo a la deriva
¿diferente de qué?
El mundo es abrasivo
para las manos zurdas de los niños
-aunque no se las amarren a la espalda
para que escriban con la otra-
aunque los azotes no corten la piel.
El sistema es un engendro alucinado.
Como los flagelos para zurdos
la receta de cazuelas para las mujeres
y otros artilugios en el mismo plato.

La niña zurda que soy
regresa a casa bajo la niebla
imprime su mano en la acera
y espera verla desdibujarse con el calor.

Ella conserva los abrazos intactos
iguales, completos.
Ella abraza a Julio como si abrazara
a todos los niños juntos
para no disiparse bajo el sol.

Insumos tempranos

Una niña zurda va hilando los remiendos
que debió inventarse con el hilo
para las costuras habituales.
Silenciada por reproches que no responden sus preguntas.
Si su otredad no tiene sitio en la lista
y no hay renglón para sus dedos,
se hace de una caja oscura para esconder los labios
las palabras y los besos.
Se esfuma la ceniza del grafito
antes de pronunciar líneas al sol.
No le plantan una escoba para volar
sino para barrer la casa en la dirección indicada
con cuidado de sacar el polvillo fino de los rincones.
De nuestras heridas adultas
la niñez guarda en sus bolsillos piedras invisibles
para el resto del camino.
Sus exploraciones sin respuesta
son sepultadas en los acantilados,
precio de sal para las heridas
tatuajes de sombra ahuecada.
Somos los mismos que fuimos,
en las faldas y los pantalones
nadan como peces indelebles
clavos y maderos en cruz
para crucificarnos a tiempo
cada vez que la libertad se despierte.

Sólo con las llaves forjadas por la herida
se pueden abrir las jaulas y escapar
de artificios oxidados.

Una niña zurda
en la adultez
hila sus remiendos
se abre la garganta con un cuchillo de palabras
escritas por su mano izquierda.
Abre la luz de sus cicatrices,
salta el acantilado de las herrumbres
se atreve a mirar el mar
apartando velos y cruces.
Camina sobre las aguas.

ESTO NO ES UN PAPEL

Hay varias cosas aquí adentro que son imposibles de ver:
un cuerpo etérico
materia oscura,
hologramas para deducirse.
Una vista sin los ojos,
espéculo de mi mano zurda.
Desempolvo las páginas en blanco,
no tengo idea dónde irán a parar
después del disparo nacarado
que sale de mis dedos.
Esto no es un papel,
y si lo es estará expuesto al olvido,
al polvillo continuo que se asienta
en mis ojos y cambia de rumbo.

Invisible

El escalofrío no se ve
y anuncia el miedo.
No se ve y conmueve lo imaginado.
Son incorpóreas las mariposas en el plexo solar,
igual que las palabras empujadas al aire.
Invisibles su bala explosiva y su caricia.
Hay un borde imperceptible
donde comienza el silencio
-lo imagino violeta-.
Bajo la cama
las sombras tienen sonidos delgados,
y si nuestro miedo invisible se deja deslumbrar
por lo oscuro
desaparecemos.
El amor no se ve,
tampoco ciertas violencias,
el arte del disimulo es un hábil mago.
No es visible el gusto por la lluvia
o el sagrado lugar de los rituales.
El espíritu no entiende de daguerrotipos.
No es visible la mano con la que escribo
ni lo que escribo
ni mi sexo
hasta que lo revele la imagen,
y aún así
la efigie sigue incompleta.

TRÁNSITOS

> Aquel que mira hacia fuera sueña,
> el que mira hacia adentro, despierta.
>
> KARL JUNG

Antes de transitar el cauce de las caderas
en mi madre
hacia el puente de la sangre y los sonidos,
los recuerdos son hilos de araña tornasol.
Intuyo el gesto de un pez
que vino a plantarme una X en el pubis
cuando el pecho estaba vacío de aleteos.
Las manos sin saber de caligrafías
sin rastro ni presagios de tinta,
y la luna con sus preguntas trashumantes.
Yo era una nada y todo lo sabía.
Desconocía el olvido,
la muerte y el centro imposible de las flores.
Desconocía a Stephen Hawking
diciéndome que:" *Dios juega a los dados con el universo. Toda la evidencia lo señala como un jugador empedernido, que tira los dados siempre que tiene ocasión*".
Siendo átomo apenas, sabía que Ella, El, o Ello,
empuja las constelaciones,
que mi mente tiene diminutos e idénticos destellos
en su pañuelo de estrellas esponjosas.

Cuando sucede una tirada del juego
yo garabateo en los costados del dado que me tocó rodar
sobre la mesa de Dios.
Astillo el centro de mi ombligo, escribo boca arriba
y trato de encajar en el rompecabezas errante del universo.

GRAFOMANÍA

A los nueve años descubrí,
como quien se topa con un Río,
los intentos del poema.
Me tragué los colores
y las sílabas saltaron el alféizar de la ventana.
Cada vez más fuerte fue el ritual de las páginas
los cuadernos de apuntes estiraban los dedos,
la soledad venía a mi encuentro acompañada.
Muchos textos se arrojaron a las llamas,
en busca de su propio centro.
El fuego los llevó al ombligo del aire
y han vuelto, como almas en pena
con el amor en carne viva
con el dolor y la ternura abiertos en la herida.
Soy consciente de mi irremediable grafomanía.
Reconozco su peso en mis dedos,
los mismos que repujaron siglos atrás una tablilla de arcilla
-Enheduanna toca mis falanges suavemente-
Los sonidos me unen a los pulsos
y me enseñan el ancho de una galaxia
que cabe dentro de otra y de otra,
de una luz expandida en el rastro de los sintagmas.
Escribo porque me sobrepasa el asombro.
Porque amar es un acto imperfecto
pese a la perfección de su esencia.

UDAMBARA

1

Youtan Poluo aparece cada tres mil años
en la tierra de Buda.
Pero la he visto nacer en las hendijas de la lluvia
colgada de un alambre -como yo-
escribiéndose ella misma para domesticarse,
existiendo por el milagro de nombrarla
después de tres mil años.
Reacia a las fronteras,
aparece en cualquier parte.
Cuentan que nació antes que Buda
para florecer en su regazo.
Ella se desdobla en su diminuto perfume
y brilla antes de que pueda dibujarla.

2

Partir el viento en dos
con la punta de una pluma de colibrí,
tomar el pulso del garabato sin nombre
que asome su huella digital por esa grieta.
Respirar en el centro de una flor imaginaria
con la fuerza del huracán que habita el viento.
Comenzar a escribir la primera letra
es saltar sin cuerpo al acantilado.
Sobre el brillo de la pantalla
caminar sobre pixeles invisibles
o en el borde de las flores hasta que rebote el eco
y se delinee la primera sílaba.

Pantógrafo para dibujar una flor

¿Qué clase de compañía es esta soledad de muros?
¿qué clase de muro mi soledad?
Algunos amaneceres llegan con miedo a este viaje
que sin miedo no se hace.
Intuyo un silencio
y tres peces dulces se asoman a mis sueños.
Inclino mis labios escribidores.
Un pantógrafo de nada sirve para llegar al centro de
    Udambara.
Su centro es invisible para los 576 megapixeles de los ojos.
Y concurro con manchas de tinta en la mano izquierda.
Tal vez Buda invocó esas flores microscópicas
para suavizar su piel metal,
o ella lo eligió para estirar su tallo largo y su cabecita blanca.
Ella tañe sin campanas,
vibra y existe en el espacio invisible.
Los nombres de los dioses se deshacen
en la misma sílaba donde se reconocen las Diosas.
El camino que llega al este o al oeste
desde Stonhenge hasta la Tonatzin
resuena con la misma palabra con la que se dibujan
los pétalos invisibles de Youtan Poluo.

TINTA EN TIEMPOS DE PANDEMIA

El ojo con el que escribo a mano alzada
parpadea en la oscuridad de estos días
y no sabe por dónde tirar de la primera línea.
Olvida el rastro de la tinta en el agua,
moja el papel para que se deshaga.
Duermevela sin fondo del párpado que trabó su
    mecanismo.
El ojo con el que escribo baja a la piel de la manzana
y esconde el sonido
en el crujir de su superficie cuando es mordida.
Se hunde en una mandarina
y acaba preso de los tomatillos silvestres.
Está ciego de ver por la ventana y escapar en el astral
para doblegar el óxido de lo imposible.
Sobrevuela los muertos sin hospitales de la pandemia
los muertos sin entierro, ni recordatorio
intentando un abrazo solidario.
Este ojo mío y ajeno acostumbrado al grafismo de mi mano
    zurda
detiene los días y todavía no sabe qué hacer con ellos,
cuánto miden, hasta cuándo irán marchando
atados al encierro que amenaza la posibilidad de respirar
    libre.
Se descubre el dolor de los rincones más oscuros,
injustos y desiguales como nunca.
También emergen manos a regalar ternuras impensadas.
Este ojo no encuentra el reflejo para ver al otro,
el que lo completa.

Busca la mirada un silbido de ocarinas en el aire que dicen
   está más limpio,
mi oído entre grillos sospecha del silencio y se alegra,
   aunque dude.
La sal de la piel se reconoce estalactita diminuta.
Mi ojo que escribe: necio, cejudo, volador,
se pliega sobre si mismo y al fin entierra su párpado
en el sabor a tinta, en los poros invisibles del papel.
Una rama de lluvia asoma
entre los pericos que arman la fiesta en el aire,
el recuerdo de viejos reflejos duplica la mitad de la simetría.
Desdoblado
pronuncia algo que se parece a dos palabras bajo los
   párpados.
Se abre hacia adentro y rompe los candados que pusieron
   afuera.

EL PAPEL

Abrir una página en blanco,
abrir la cerradura antes de que cierre su destello.
A veces no tenemos nada qué decirnos y nos quedamos
    mirándonos.
En la hora de la soledad habitada
las palabras también se inmovilizan,
ni una sola sílaba suena, para no romper la ausencia
en la que nos hacemos presentes.
Entramos al reverso del desierto.
La respiración de las galaxias son el vacío y la materia
    oscura.
El revés de la hoja sostiene el verde,
y le da sentido al aire que pasa por ella,
un segundo de sístole y nervadura,
de fotosíntesis,
necesita horas y años de temblor impronunciable.
Visito el blanco que predomina en mis papeles,
para que exista algo y luego se vaya por ahí a caminar su
    regreso.
Lo abrazo cuando aún no tiene sentido
y sobre sus aguas nada se mueve.
Antes del barro y el volcán
o del centro de una flor imaginaria.
Sin esperar por nadie,
se deshace el destello apenas digo su nombre,
apenas rasgo una esquina.
Como la superficie del agua quieta
tiembla cuando se toca y devuelve el temblor al tacto.
El blanco es torrente que corre.

Procrastinar

Hacer lo pendiente
pasar las fotografías efímeras a otra pantalla,
repasar los recuerdos con sus olores incluidos.
Hacer lo pendiente
tantos libros en el estante de la espera.
Los poemas borrados no vuelven,
se disfrazan de otros
como polizones.
El chubasco en la garganta
la ternura en medio chacra
rojo
rojo
la creciente luna decreciendo
celeste
celeste
el cielo en Venus.
Hacer lo pendiente toma más de lo previsto.
Es a veces imposible en un país con tanta niebla.

EL PRIMER SONIDO

El primer sonido es siempre asombroso,
lleno de colores explosivos.
El segundo es un lago turquesa,
con el tiempo
se destiñe al asombro entre la orilla y el agua profunda.
Las palabras desordenan los centros, sacuden la sal,
ponen la misma esquina en otra herida o en otra esperanza.
Las palabras sirven para nombrar lo que no se ve,
y lo que no se ve es tan extenso
que millones de páginas lo siguen intentando.
Salir en busca del canto imposible de los peces
y llegar al mar para fundirse en su murmullo.
Las palabras se posan en las manos,
en la piel del viento
que no recuerda cómo romper los vidrios para tocar el
        sonido,
para soltar el silencio en el alboroto de las hojas,
en el remolino de cada esquina.
La música que hacen las piedras en los ríos
cuando chocan entre ellas bajo el agua,
y los ángeles cuando recuerdan el peso exacto del aire en
        sus alas.

MANCHA DE TINTA

Me hago cargo del nombre y su resonancia,
me encargo de bajar los escalones que subí
y de volver sobre ellos más liviana.
Cada vuelta a la espiral
es toparse con la propia sombra matizada.
somos una acuarela con sonido,
el pigmento cambia con el agua
las fibras del papel recuerdan su vaivén.

ACERCAMIENTO A LA CEGUERA

1

Me contó un aviador cuando yo era niña
que *lo esencial es invisible para los ojos*
y que es posible domesticar una zorra o una flor,
me lo repetí muchas veces para comprenderlo.
Por su culpa comenzaron mis sospechas
sobre la invisibilidad del sol, el ombligo,
el inicio de las espirales y los mándalas.
Cuando el reloj en mis ojos me llevó a la hipermetropía
y todo se comenzó a empañar
ya no tuve dudas:
los ojos no tienen la exclusiva de la visión,
y lo bello adquiere otras dimensiones
en presencia de la ceguera.
Basta con cerrar los ojos ante una enorme luna llena,
con tejer despacio la filigrana de su superficie
y cada cráter iluminado revela
algo imposible de describir.

2

La ceguera puede ser un ejercicio luminoso.
En momentos de luz
las ganas de guiar a otros ciegos nos pueden sobrepasar,
el reflejo se rompe y todo parece haber encontrado su sitio,
hasta que viene otro banco de niebla y se nos enreda en el
      pecho
para construir un hoyo extenso y a prueba de balas.
La ceguera puede prescindir de los ojos y extenderse al
      tacto,
sin diferenciar entre una piel tóxica y una piel dulce fuego.
La ceguera puede inundar los oídos hasta quedarnos
      sordos,
el ruido blanco entonces tiñe el suelo,
y es posible despertarse
solo cuando regresan los pájaros de cruzar el invierno.

3

El braille que separa los ojos de todo lo demás,
se deposita debajo del tercer ojo.

4

El sueño tal vez solo sea
una especie de espiral dentro de otra
y no podamos distinguir entre lo que sentimos y lo que es.
El sueño tal vez,
cercano al centro de las cosas,
solo sea un espejismo,
una especie de relámpago en el ojo que ve igual si fuera
    ciego.

5

Debajo de las piedras otros fragmentos diminutos las
    sostienen,
yo apenas beso el río mientras duerme.
A veces recobro la vista
porque vengo de cruzar un largo invierno.

UN LIBRO

Un libro es una máquina que inventa
toda clase de artefactos.
Es mudo si no se abre,
abierto: susurra.
Sus gritos van por dentro
y fabrican el eco en las cordilleras del pecho.
Un libro contiene *aspas, estática, ángeles,*
 viejos de mar, epigramas, mujeres y países,
 años de soledad, abrazos de libro,
vidas en otra parte, levedades, espías,
y todo lo pronunciable para salvar al vacío de sí mismo.
Un libro necesita árboles, manos y tinta,
necesita sueños que lo inventen y recorran su selva
        intemporal.
Criatura extraña e imprescindible
comenzó en barro, piedra, papiro…
terminó en luz de pantalla
sin renunciar a su esencia.
Entre un tren y un libro los rastros se citan distinto.
Entre un tren y un libro, el fin es hacer el viaje.

Centro

El centro de gravedad,
el corazón de una manzana,
el centro amorfo de la saliva o la sangre,
el centro de la luz que brilla en las hojas apenas amanece,
es en realidad una espiral dibujada con la fórmula de
      Fibonacci
sin lateralidad definida.

Cavilaciones sobre el abandono del trazo izquierdo

1

Considerar el abandono es una posibilidad,
se me ocurre mientras miro mi mano inmóvil
en sincronía con el cansancio en los ojos.
El oído sobre la línea blanca de la partitura,
garabato tras garabato.
Sin un lugar para poetas anónimos
dónde asistir a terapia colectiva.
La búsqueda en google incluye las palabras clave:
fonema terminal, síndrome de dedos hiperactivos,
saltos al vacío sin cuerda, amistades inauditas,
adicción al diccionario, soledades escatológicas.
No hay resultado.
La abandono y me invoca,
la invoco y no me abandona.
A veces de cabeza y corazón en un texto lo selecciono
       todo,
pongo mi dedo sobre la tecla "delete", no queda nada,
y regresa en pedazos a la dermis como un espectro.
Se devuelve para armarse
me persigue en sueños,
cuando estoy distraída interrumpe mi tinitus
y habla en lenguaje de señas
para ser descifrado en las grietas de las piedras,
cuando arde algún desgarro o brilla la felicidad incontenida.

2

Dejo migas de pan por donde paso
marcas de agua para su garganta.
Agito el minutero de este día
sin darme apenas cuenta del barullo.
Para despertar mi propio nombre me hago preguntas:
por ejemplo, si no es un desperdicio de hojas y luz este
        texto,
si alguien más que yo lo leerá.

3

Para armar un libro
desarmo los huesos de los apuntes.
Les sacudo los ojos
y las esquinas más preciosas,
un *Frankestein* de palabras, pero con el corazón entero
para que salga ileso
-medio bello-
y encuentre su propia forma en el reflejo.
Y amo las aristas de este ser inventado con sonidos
porque elegí su olor a flores,
sus espantos
la hipnosis de satori,
el nirvana
y por efímero que sea
mueve esta mano con todos sus dedos zurdos
en la línea blanca de la partitura.

REGISTRO

Aquí es mi cuerpo,
movido por el hálito del tiempo.
Aquí el intento de las palabras,
y el recuerdo del centro zurcido a todo:
a lo ajeno,
al olvido
a la memoria
a lo sublime y lo profano,
a la manada a la que pertenecí
antes de caminar en dos extremidades.
Si no fuera mestiza
si no me hubieran negado las lenguas originarias de mis
      abuelas
sabría qué hacer con un kipu en las manos
o con una Rueda de la Medicina en sitios sagrados.
Sabría pronunciar mi nombre en Nahuatl o Quechua.
Una hermana me lee el tarot
y reconozco el reflejo fragmentado
de varios continentes en mi sangre
el eco de los cantos y de historias tan distintas,
en una mancha de pigmento tejida sobre la piel.
Tan viejas las cicatrices que van cayendo una encima de
      otra.
Multitudes en mis poros
caben en una puesta de sol,
latido tras latido, códice tras códice.

El corazón en los zapatos

Mi corazón conoció lugares sin oxígeno.
A los cuatro años mi alma estaba metida en un zapato
que lancé al aire tan fuerte como pude.
Un ancestral enojo me sobrevino,
venía del centro del viento
y coleccioné pájaros sin jaulas,
siempre con ganas de dejar salir los canarios de mi padre,
dejar libres los agüíos y los mil colores que perdían su
      libertad.
El corazón en mis zapatos,
con el tiempo se fue mudando a otras partes del cuerpo
hasta que empecé a latir con toda mi estatura.

VIBRACIÓN

En los regazos del tiempo
aprendo a ser mi propio padre, mi propia madre,
cada vez que veo amanecer en la ventana de mi pecho,
y escribo desde mi mano zurda.
Busco el centro cambiante de la galaxia y de mi órbita en
    miniatura.
La única certeza
da giros inesperados.
Vasta correr el visillo para entenderlo.
No hay otra circunstancia
sino el movimiento sutil de la fuerza creadora,
que para deshacer el recuerdo se construye antes.
¿Acaso su rostro tiene los ojos profundos
como un personaje en el espejo de un cuento?
¿Acaso tiene un borrador cada mañana para restar el día
    anterior?
Matemático sin género, padre-madre,
con dos manos zurdas y dos derechas,
hijo de mi resiliencia.
En el latido intenta un dibujo
con la caligrafía de una sístole y una diástole.
Solo vibración.
Compasión pura.

AGUACERO

Llueve y suenan todos los latidos de los ríos en torrente,
pulsa igual que la sangre saliendo y entrando del corazón.
Es posible abastecer toda una vida a partir de un aguacero
    así.

Memoria

Ángeles de fuego en mi memoria hace milenios,
si cierro bien los ojos y me expando, me rozan sus alas.
Aguardo para estar despierta
salir sin paraguas cuando lluevan estrellas fugaces
y me pidan que las nombre.

FUGA

Dejo que se escapen los palabros con las palabras,
y se den el gusto de fugarse juntos
sabiendo que se harán humo sobre la niebla,
y en medio de las líneas de las manos
serán transparencia.
Dejo que se escapen igual que tu cuerpo en el mío,
humo que regresa,
mientras la piel lo recuerde.

Con los ojos para llorar

Después de meter la cabeza en un lugar oscuro por un rato
todo se empieza a revelar,
es posible encandilarse con el túnel al final del camino
y que lo oscuro nos diga algo.
Encontrar por ejemplo las llaves que he perdido tantas
      veces,
que en lugar de puños y cuchillos nos lancemos abrazos
      cegadores.
Meter la cabeza en un lugar oscuro para buscar lo perdido,
y que el sueño de una libélula me atraviese
hasta despertar a ojos cerrados,
con los ojos dispuestos a llorar cuando llorar ya no es
      posible.

Acorralada

Silvestre mi espíritu que teme herir a las abejas
o aprisionar los colibrís tornasol
los que devuelven el color y dan fin a la ceguera con su
        aleteo.
Silvestre mi brazo
mi corazón
y mi pecho al aire en caracoles,
como una enredadera que me empuña
en la punta de lo que sigue vivo.
Huyo del ácido asfalto
y me persigue la ciudad,
me tiene acorralada
en una calle que fue periferia
y ahora es cuchillo afilado
hundido en los oídos cada nada,
me quedan unos metros cuadrados de verde
para sostenerme
mientras baja la guillotina sobre el cuello
lenta y firme
mientras me amenaza
su absurdo abrazador
sin hierba ni perfume.

MIRADA

Nada es un destino
mucho menos sufrir o tener miedo.
Todo es un tránsito,
una luz a la intemperie que se apaga y se enciende.
Un cuerpo para amar y luego dejarlo ir
cuando cumpla con su holgura.
Una costilla o unos dedos para trascenderlos
en las costuras de la mirada.

Liberar a Penélope

1

Penélope en mí es un borrón.
Destejo su mortaja y la convierto en bandada de aves,
en humillo suave para dibujarme.
Penélope en mi cuerpo no espera más a Ulises
porque aprendí temprano que el compañero
es solo eso: un paso a mi lado,
un destello para marcar posibles caminos.

2

Me piden mis abuelas que la mire de frente,
que aprenda la sumisión de su ejemplo.
La astilla herida en su tejido
que la grabe en mi regazo.
Tengo en mis manos el espejo roto donde acaso se miró ella.
Me atreví a terminar su mortaja en una noche,
le puse todos los colores que conozco
y no se la entregué a ningún hombre.

3

Discúlpame, Penélope,
es mi deber intentar devolverte la alegría.
Me toca al menos notificarte
que paralizarse por alguien
es perdernos para siempre, nosotras todas.
Y que ya basta,
son muchas las que te han seguido
y el rastro de su dolor llenó la copa.
Te la devuelvo.
Eres en mí un borrón
un humillo suave para dibujarme distinta.
Tu mortaja vuela como una bandera imparable
hemos recuperado
casi todo lo que perdiste.
Recoge tu libertad
escribamos nuevas historias.

RESTO

Viajo al centro de mis ojos astigmáticos y encuentro una
    espiral continua.
La luz de una vela y el rastro del palo santo en mi piel
    mestiza.

RAIGAMBRE

Detener la estática en la garganta
saltarse los laberintos.
Salvarse
en un acto de magia después del estallido y el humo
trazar un renglón y luego otro.

ARDER EN EL FRÍO

Bajo la piel
los ojos son simples animalitos de colección
y descifrarlos es imposible.
Cuestión de arder en frío.
Cosa de mirar sin paradigmas.
Bajo la piel toda palabra se desmaya,
arde en la nada, aunque se sienta temblar.
Arde para reconocerse.

OTROS CENTROS

El centro del centro
es el lugar donde se mete de prisa el viento sin su cuerpo,
un estribillo de alguna canción infantil,
una iguana al sol esperando la esquina por donde escapar a
    toda prisa.
El centro del centro, siempre cambia de lugar.

Si mis secretos son la guarida de las palabras desertoras,
¿cuándo llegaré y en que pies menos cansados que estos?

Relojes aparte pregunto:
¿por qué razón se me ocurren ahora todas las preguntas
que jamás le formulé a mi madre?

Lo que escribo tiene la edad de una oruga recién nacida
y es tan antiguo como el destello de los ojos de *Lucy* en los
    míos.
Lo que escribo es un cúmulo de pixeles
que desaparecen y aparecen
el secreto que guardan los árboles hasta la palabra primera,
el papel se moja y la memoria se escurre,
de ese caldo garabateo para ejercitar mis dedos humanos.

GESTO

Sale de las articulaciones y el hueso
 semejante al aire
el gesto de quitarle el polvo a los libros.
No es un gesto femenino de limpieza natural
tampoco es un intento de ir a contratiempo
del velocímetro que le pinta una pátina añejada a las
 páginas,
cada vez más amarillentas.
No es un gesto inocente,
el trapo lame los hombros de mis libros
y mi sed sueña con los sonidos variopintos que salen de las
 páginas,
sueña con detener el color amarillento
en alguna mota de polvo dentro mío,
antes de unirme a la pátina inevitable
al doblar la página.

RASTROS DE HUMO

Cuatro semanas cargo esta libreta,
en cuatro semanas de vértigo: a duras penas dos letras,
    y un haiku.
En la mesa de noche, en la maleta de mano,
las diez horas de vuelo hechas un nudo todavía en el plexo
    solar.
En la mochila de trabajo, o a la par del ordenador,
cuerpo simbólico de hojas cortadas a mano
que después de todo no me caben en la espera.
A veces se trata todo de un pequeño desorden en el
    escritorio,
abandonado sin olor a palosanto,
sobre las cosas y el tiempo que me sobrepasa.
Pero da igual cuánta ausencia,
qué parte de mí se desprende y se deshace oscurecida,
qué parte se pudre sin derecho a resucitar
durante estos dos milisegundos humanos en la edad de la
    tierra.
Da igual el miedo o la culpa en frascos de colección
sueltos a los cuatro vientos.
Ruedo por la espalda de la muerte y caigo en pie como una
    gata,
por un rato, o hasta que suene la línea recta en el monitor.
Después de que el desfibrilador ya no tenga nada qué decir,
o quién sabe cuándo.
No es seguro el paso,
ni es seguro si me lleva el cuerpo por las calles
o yo lo hago caminar por ahí.

No es seguro
si en el próximo minuto decidiera dejar los pies en algún
    tren
y no llegar más conmigo.
Ayer decía que no,
hoy no se si muerdo el aire
por los mismos caminos buscando migas de pan.
Cuatro semanas son apenas un grano de arena en la arena,
y la libreta que llevo a todas partes no confiesa aún mi
    nombre
tras el fuego que se apaga
el humo del manuscrito vuelve a subir
de izquierda derecha, a trasmano de mí.

PIES

Qué no me falten los pies mientras viva.
En recompensa a no haber podido sostener el inicio
les pido que me dejen caminar sobre el pasto hasta el final
con sus defectos, juanetes y altimetrías.
La suavidad de la arena en el mar entra por los pies.
Son ellos dos, derecho e izquierdo
como dos manos
complementarias
disidentes
palmos abandonados por los brazos,
obligados a sostener las caderas
los hombros y la cabeza.
Aún pierden el equilibrio de vez en cuando
se recargan.
Si me faltan
no tendría modo de correr
y tendría que inventarme otras raíces.

POLILLAS

Las polillas viven de comer entre otras cosas, libros.
Ahuecadas las palabras pierden parte del sonido.
Cuando salen de mi biblioteca
les pido perdón y las aplasto con mis propios dedos
-a las polillas-.
Ellas también tienen que comer
-lo reconozco-
yo solo resguardo hasta donde pueda
el tiempo de la portada muda
y las voces dentro de las páginas
con las que me alimento.
Las polillas sin saberlo
se comen mi hambre.

REVESES

Los cuchillos no están hechos para una mano zurda,
tampoco las cerraduras ni las tuercas
las guitarras o las tijeras.
Cuando le quito la piel a un mango
me miran con horror otras personas,
no saben si voy a atravesarme los dedos
o será la pulpa del mango la que deje escapar su jugo.
Tropiezo con los cordones zurdos de mi zapato,
no encuentro cómo darle vuelta a la perilla
de forma correcta al primer intento.
Siempre voy en sentido contrario.
Pero cuando junto las dos palmas
los diez dedos no notan las diferencias
y en el hueco que se forma
caben millones de cosas innombrables.

EQUILIBRISTA

Escapo de la pantalla todo lo posible,
de la que hiere, que atrapa
y me quiere sin piernas ni plantas de los pies.
Pero no del blanco donde pinto sonidos.
Subo a la cuerda con mi volantín,
abajo el abismo, la incertidumbre es la guía de mi pie.
Arriba el cielo separado solo por el peso del cuerpo.

LECCIÓN DE TURNER

Dejo de tropezar con las astillas del miedo
no tengo la menor idea del mañana,
(tampoco importa porque las ideas son una construcción
    constante).
Mi último latido todavía no existe,
vendrá con su carga de asombro
con sus respuestas sin réplica.
El vestido etérico hasta los tobillos
sin grilletes, apenas la marca, apenas el ruido.
Millones de años para diseñar finalmente este suspiro,
esta falla en el precipicio de las células
el único acantilado que me une al mar.
Pienso en las catástrofes que están a la vuelta de la esquina
meto su esquirla, bien hondo, y nada,
no encuentro el traspié,
no siento las náuseas en altamar ante la tormenta.
Amarrada al mástil al lado de William Turner,
salpicada de sal.
En las cavidades de mi órgano cardiaco un pacífico
    horizonte
fotografiado por un catalejo ancestral,
diseño perfecto de inimaginables estaciones.
Las sombras dejan de ser cuchillos
y despliegan su iluminado destino
sin las astillas del miedo.

APRESTAMIENTO

Aprender a leer los ojos,
la boca tapada, el aliento hendido en alguna parte.
Nunca antes los ojos fueron tan escurridizos,
aprender a leer como un niño que solo ve rayitas en las
        letras,
casi igual pasa con las miradas,
casi lo mismo.
El dibujo completo del rostro
es legible apenas.
Se escapan los sonidos posibles en los reflejos de la retina
y en la rapidez con la que nos acostumbramos a mirar sin
        ver,
a pasar como un rayo la vista de un lado a otro
sin dejar rastro del abecedario.
Soledad del renglón en la retina
que nos pronuncia incompletos
con la boca tapada.

DIBUJO AL AIRE

Cada árbol tiene un nombre,
cada pájaro que ha sido visto también ha sido nombrado.
Le ponemos nombre a los ríos y a las criaturas, para
    llamarlas,
para tocarlas con los sonidos y sus texturas.
Cuando camino por el bosque confundo un Roble con una
    Ceiba,
escucho a los pájaros y tampoco puedo dilucidar sus
    nomenclaturas,
-mi padre reconocía casi todos sus cantos-
yo no soy sino capaz de pronunciar mi asombro,
y confundo cantos y plumas.
No hay forma de que la lista se adhiera a mi memoria.
Dibujo el aire y dejo se pronuncie a sí mismo
sigo las líneas efímeras en mi garganta
mientras me bebo el bosque
vuelvo al tiempo de las cosas sin nombre.

LAS PALABRAS

> Vivo estoy aún y vivo estaré
> en las palabras claras
> que he hallado como piedras de un camino.
>
> ANTONIO COLINAS

No hay palabras ciegas, todas nombran lo invisible.
No hay palabras muertas, todas mueven algo.
Unas dejan heridas que no sanan,
otras dejan caminos, abren puentes, salvan olvidos.
Hay que tener cuidado con ellas.
No se pueden revertir,
no se pueden escurrir y retorcer como un trapo para que
        suden
lo que no traen en el alma iluminada de su esencia.
Cada una tiene su resonancia y su tesitura,
desde la música más suave hasta el trueno cegador.
Una vez pronunciadas no hay vacío para ellas
la grieta o la flor de su sonido es indeleble.
Llueven las palabras y secan o fertilizan.
Me las tomo en serio, cómplices,
leudantes del pan y las quimeras.

MATRIA

No estoy a la derecha del padre.
No estoy a la izquierda de ningún régimen
(como quieran que se llame según el turno).
Me inclino más por la filosofía de Marx
que por la injusticia.
No estoy a la derecha del padre
porque soy zurda y mujer.
Además, periférica en un país casi invisible.
En el centro volcánico de un continente
que se toca apenas con los dedos geográficos
de su cintura.
No estoy a la derecha del padre
porque no creo que un padre maternal haga diferencias.
De estar en algún sitio estoy al centro de la madre,
estoy en el ojo circular que me sustenta.
Al centro de mi propia Matria
con dos manos zurdas
apuntando mis dos derechas,
con los pies de lateralidad cambiante
echando raíces en el agua.
Nadie es igual a nadie.
Las máscaras se equivocan todas
la producción en serie de heridas
y de remedios
son un tanteo a oscuras
que no llega a ninguna parte.

Simplezas secretas

Poner el papel inclinado es natural
doblar la mano
cincelar el trazo
tomar el taladro y enredar el cable
girar la llave en ambos sentidos
hasta acertar.
Pincharse con la aguja de la máquina,
dar un codazo a las personas de al lado
girar al revés y chocar con otros
tomar las tijeras y no poder ver el corte exacto
tejer en espejo.
Mirar el final del libro primero
-mi pasión por los finales y las contraportadas-
abrirlo de atrás para adelante.
Tirar el hilo por el revés de las historias.
Caminos izquierdos.
Los aniversarios clandestinos
los conoce la mano zurda
anotados en el lóbulo derecho con tinta invisible
con la mirada sobre el muro que esconde puertas
selladas con arcilla cocida
y amalgamas secretas.

La Matria de José Coronel

Cuando conocí a José Coronel Urtecho
el cáncer le había atacado la nariz
pero era la nostalgia por María
lo que desdibujaba su rostro.
Su amor monumental por la compañera.
Ellos vivían en la frontera
sin decidirse entre Nicaragua y Costa Rica,
o tal vez con un pie en cada una.
Firmó despacio el libro que le llevé.
Nos habló siempre de ella.
No lo dijo, pero María era su Matria.
Las fronteras en su casa estaban rotas
como deberían estar todas las fronteras.
Las grietas se asomaban por sus ojos
y fue el hilo de los libros
lo que lo entretuvo con nosotros.
Comprendí que la poesía
y las inconformidades están en el mismo renglón.
Que necesitamos de una Matria
para sobrevivir a los desgarros,
demasiado agrios para unas manos que se rompen.
Sospecho que después de irnos
la casona fue diluyendo de a poco
la silueta de José Coronel en la penumbra del pasillo.
Él se quedó con su nostalgia
nosotros regresamos con su voz en nuestros ojos.
Adentro y en silencio
María le daba la luz de su regreso.

SILUETILLA

Las calles de piedra
me rompían rodillas y palmas de las manos
en la infancia.

Para llegar a la Universidad
saqué mi escoba para volar por encima de las piedras
que el asfalto cubre.

Eran tres autobuses y 68 kilómetros desde mi casa.

Siluetilla Town me decía el *El Diablo*,
mi profesor poeta, entre ácidos y metales.
Mezcla de alago y marca,
imaginaba cómo se dibujaría en el aire del campus
mi propia silueta delgada y silenciosa
venida de la niebla de estas montañas.

Ser zurda no es tan raro entre artistas
ser mujer periférica, si lo era.
Lo primero me cobró un par de cortes en los dedos,
lo segundo una marca de agua en el papel de mi frente.

El sentido de lejanía en una misma Matria
pequeña como una provincia de otro país.

La extrañeza tiene territorios fragmentados
hasta que nos damos cuenta de que no somos tan anchos
ni tan diferentes entre huella y huella
y toda silueta humana tiene una persona adentro.

PIE IZQUIERDO

Tengo el pelo bastante blanco
y la vida completa de levantarme con el pie izquierdo
de sonreír y agradecer como primer acto
para estrenar el sol.

Por alguna razón traspapelada
no logro salir de la cama de otra manera,
así he roto miles de veces el conjuro
de la mala suerte.

AMBIGÜEDAD DE LAS HERIDAS

Mi lengua fue zurda en Japón,
y se daba a entender con un corto juego de palabras al derecho.
Anduve mucho en bicicleta
ahí quedó para siempre mi costumbre en dos ruedas,
ir por la izquierda bajo los árboles de Sakura en flor
o sobre el agua nieve.
Asumir la torpeza puede ser más fácil en otras geografías.
Inclinaba la cabeza asintiendo -con eso bastaba-.
Mi lenguaje se parecía al maullido de mi gata,
con pocas palabras me entendían.
Era bueno ser zurda en ese lado del planeta
podría haber usado el papel sin emborronarlo.
Pero mi ala izquierda se sentía rota
y volví al occidente en busca de una cura.
La incertidumbre no tiene cura,
lo supe tarde.
El mundo es lo que es
en la ambigüedad de las heridas.

Esporas de la memoria

Festejo las diferencias porque es imposible la copia
    perfecta,
algunas pinceladas únicas tendrán los cuadros del mejor
    copista del mundo.
Hay cajones donde se guarda la infancia en rompecabezas
o juegos que esperan la niñez renovada en una hija o un
    nieto,
cuando ellos lleguen, el cajón estará casi deshecho.
Dentro de las esporas de la memoria el rostro azulado de
    una sombra
se levanta a jugar con nosotros
para desempolvar el asombro
y demostrar lo imposible que es copiar de manera idéntica
    alguna cosa.

Violenta belleza

En la violenta belleza de una avalancha,
del sol que pinta naranjas después de una tormenta
existe un territorio de esperanza.
Entre el silencio y la violencia hay un hilo de aire
una inhalación y una exhalación.
La línea media entre la muerte y la vida,
columpio, metrónomo, río revuelto.

Belleza violenta la del mar que se agita y se traga todo,
y el agua inmensa sin olas que sigue el sonido de la Cruz
       del Sur,
su hilo iluminado en el horizonte.

Coincidir en espiral, divergir al mismo tiempo,
quedarse con la piel de la luz.

La violenta belleza entre dos personas distintas
otra lateralidad
otro color de piel, otro país,
otro sexo.
Darse cuenta
separar la dureza
elegir la suavidad de la belleza.

GUITARRA

Una guitarra sin cuerdas cuelga en la pared,
es un eco de colores, un recuerdo errante
instrumentos de viento y música en la voz de mi padre.
Es mi voz enterrada por el patriarcado
la que se ahoga
en la imposibilidad de sonar mis propias cuerdas.

Esa guitarra tiene las manos de mi padre en su diapasón
y las de mi mano zurda en la boca de la roseta.
De tanto verlo a él tocar su música
me apropié de la posición de sus manos,
y como si fuera derecha abracé esa guitarra
trastocando lo que mi cuerpo dicta.

Guitarra pulmón y oquedad
cuelga distraída y sin cuerdas
es media guitarra y ninguna porque no canta.
Ella es Penélope y yo naufrago sin llegar nunca,
le doy la peor orfandad que puede tener una guitarra.
Colgada y silente
muda, chimuela, incompleta.

Ella me recuerda que tuve un padre
que en lugar de un vestido rosa de cumpleaños
me regaló la confianza de una guitarra
para una mano zurda.

Piedra de sal

No se trata de mi lateralidad ni de mi sexo,
no es acerca del color de la piel ni la raza.
Del genocidio de donde venimos
del centro del dolor que traen los genes.

Se trata del otro lado del reflejo
de la ceguera y la ausencia del amor.

De que la luz líquida atraviese la piedra de sal
y nos salpique.
De que se desfragmente la violencia
y se trastoque lo tangible.

Del revés de la ternura
las pesadillas
los fantasmas de segunda, tercera y cuarta fila
que habitamos en el ancho marginal.

Se trata de la locura extrema y legalizada.
Se trata de usurpar al fin la derecha de los dioses
quitarse las rodillas dobladas y sangrantes
salirse de la acera
hasta el otro lado del reflejo
luz líquida expandida fuera de la sal
que la aprisiona.

CIELO DE LA BOCA

Una canción en el nudo de la boca
desatarla y caminar del otro lado de la espuma.
Saber que nada termina sobre el barro
que me abraza.
Un borrón en el papel
por arrastrar el dedo meñique
que tapa las líneas de izquierda a derecha.
En los extremos sensitivos de los dedos
una avalancha de cigarras cantando.
En los huesos ilíacos
el gemido antiguo de los hijos y las hijas
a punto de saltar todos los vacíos
y romper el canto de las olas,
de los sintagmas proscritos.
En el cielo de la boca
una salida canta
ruge
sueña
con quebrar las astillas
y enmendar las orfandades
en el corazón de los abrazos.

OROPÉNDOLA

Una oropéndola de Baltimore
se acicala en este árbol tropical.
Vino por el ala izquierda del viento
esquivó el frío del otoño
deslizó su pecho anaranjado por las cordilleras.

No hizo cola en la frontera
las borró bajo ambas alas
en el abismo donde se arroja sin miedo.

No estiró el viento a su favor
esperó paciente por él.
No calculó con un GPS
ni llamó para saber si la esperaban
en los aeropuertos.

Tampoco usó con mayor fuerza su ala derecha
que su izquierda.
Sabe con certeza que a ambas
les asiste la misma potencia indispensable
y la misma vulnerabilidad.

Sabe que su color
su origen
y su preferencia por las flores y los insectos
no serán juzgados
en ninguna parte.

REZO

Borrar
emborronar
con la inocencia de niña
como punta de lanza.
Borrar
emborronar,
Kali que se despierte
y use su mano zurda.
Después de la destrucción
que sean ambas manos
ambos pies
todos los fenotipos
para levantarse.
Perséfone que traiga la luz
y perfore el inframundo.
Coatlicue que me devuelva
las ceremonias y la perfecta simetría de los cráneos.
Borrar
Emborronar
hasta el hueso de la ternura.
Borrar
emborronar
hasta el dibujo imperfecto
del equilibrio.

Epílogo

Si apostamos por la idea del lenguaje como tinaja por donde fluyen diferentes estructuras de poder, diremos, sin miedo a equivocarnos, que los lectores de este libro se encontrarán con una voz lírica que, desde su experiencia como zurda, mujer, artista plástica, poeta, educadora, gestora cultural, madre, hija, niña en un cuerpo adulto, amante de la música, de los viajes espirituales y terrenales (leemos en gran parte de su obra la presencia muy marcada de Japón), de la vida y de los mitos (mesoamericanos, andinos, grecolatinos y hebreos), rompe, apoyados en las ideas de Norberto Bobbio (1995), con una de las más grandes metáforas políticas, la izquierda, palabra de extensa tradición indoeuropea [origen etimológico del sánscrito], que provoca un contraste ideológico entre diferentes espacios políticos y morales.

Por ende, la poeta ramonense, Nidia Marina González Vásquez, quien nos acostumbra en sus libros con la fuerza de su palabra, reflejo de años de trabajo con vocación y esfuerzo, nos presenta, en toda su carrera literaria, el libro en donde se aprecia, más notoriamente, la reescritura de diferentes imaginarios occidentales que han condenado a las mujeres a vivir encerradas en la cueva del silencio. Esto permite que podamos sumergir a este poemario, sin miedo a que se ahogue, como sí hubiera sucedido en la Edad Media, en el balneario de la poesía feminista centroamericana, para bautizarlo, como un espíritu de lucha, humanidad, ambigüedades, apropiación y rebeldía.

Nidia, de segundo nombre Marina, como Malinche, alza a la matria y aplasta a la patria con su mano izquierda. Además, abre las alas de su memoria y viaja hacia su infancia, hacia su época de madre, de hija y hacia su época cuando fue un animal, un átomo o una planta, para ponerles manos y pies zurdos a sus silencios y a los silencios, heridas y cicatrices de toda una colectividad de mujeres que viven en su inconsciente colectivo. Por eso, si nos quedamos con la siguiente cita del *Talmud*: "a la derecha de Dios está la vida y a su izquierda la muerte", la voz lírica de este libro, zurda, periférica y mujer, busca la muerte, pero la muerte de la hegemonía y de la injusticia que atenta contra la subalternidad de esos llamados "otros", que a veces la humanidad ignora y no quiere ver ni escuchar.

Hoy, la editorial Nueva York Poetry Press abre el altar de su palacio a un libro cuyo tema principal nos remite a lo que Mircea Eliade llama, desde la aritmética, el *imperium mundi*, a lo ancestral, y por eso, sus reescrituras nos trasladan, como el fuerte eco de los truenos, hasta las cosmovisiones hebreas, hindúes, griegas, romanas, celtas, sumerias y, en fin, como lo menciona Juan Eduardo Cirlot, hacia todas las civilizaciones del Mediterráneo anteriores a nuestra era, y que forman parte de una muy fuerte tradición, cuya mayor fuerza fue adquirida en Grecia, en donde podemos citar, a nivel literario, a Homero (*Ilíada* II, 353; IV, 236; XXIV, 315-21 y XII, 238), Píndaro (*Píticas* IV, 23) y Eurípides (*Las fenicias* I, 189), todos ellos son autores que construyeron puentes de contacto con literaturas tan relevantes como la romana (vemos en la *Eneida* cómo la izquierda conduce a Eneas hacia el Tártaro, en donde se encuentran quienes sufren fuertes castigos) y de tradición cristiana, en donde citamos, como fuerte referente *La Divina comedia,* en donde el camino de Dios siempre remite a la derecha y el de Satanás a la izquierda, punto cardinal que en este poemario, desde Centroamérica, reviste las calles y los caminos huérfanos que de tanta suciedad, hace mucho tiempo, recordando al Quijote, nos huelen muy rancios.

YORDAN ARROYO
Poeta e investigador costarricense
Universidad de Salamanca, España
22 de febrero de 2022

ACERCA DE LA AUTORA

Nidia Marina González Vásquez (1964). Artista Plástica, profesora Asociada de la Universidad de Costa Rica y poeta. Como artista plástica ha expuesto numerosas veces en distintas galerías del país, con obra bidimensional en técnicas mixtas, collage, dibujo y acuarela. Como escritora publica desde muy joven en periódicos y revistas. Su trabajo forma parte de antologías como: *Voces tatuadas, crónica de la poesía costarricense 1970-2004*, *Poesía del Encuentro*, *Mujeres poetas en el País de las Nubes* (México 2008), *Sostener la palabra*, antología de poesía costarricense contemporánea 2007, *Al hidalgo poeta*, XIX Encuentro de poetas Iberoamericanos en Salamanca, España, *No Resignación*, Salamanca 2016, *Las costuras del sueño*, 15 poetas costarricenses contemporáneos, 2020, *Women Poets of Costa Rica / Mujeres poetas de Costa Rica 1980-2020, Bilingual Anthology / Antología bilingüe* y *"Mujeres al centro"*, relatos y ficciones de escritoras centroamericanas, 2020, *Ni miel ni hojuelas: Escribir desde la feminidad*, Yadira Calvo, ECR, 2021.

Ha publicado los libros: *Cuando nace el Grito* 1985, *Brújula extendida* (EUNED 2013), *Seres apócrifos* (Uruk Ed. 2015), *Objetos perdidos* (EUNED 2015), *Bitácora de escritorio y otros viajes* (EUCR 2016), *La estática del fuego* (EUNED 2019). Los libros con sello EUNED ganaron el concurso de selección anual para su publicación en los años respectivos. Además, publica en narrativa *Árbol de papel* (Ed. Poiesis 2020). En el año 2021 es la dedicada de la primera edición del premio "Corina Rodríguez" de la Universidad de Costa Rica.

ÍNDICE

Zurda

Mano derecha · 13
Principio de fe · 15
Lucidez · 18
Descubrimiento · 20
Insumos tempranos · 22
Esto no es un papel · 24
Invisible · 25
Tránsitos · 26
Grafomanía · 28
Udambara · 29
Pantógrafo para dibujar una flor · 31
Tinta en tiempos de pandemia · 32
El papel · 34
Procrastinar · 35
El primer sonido · 36
Mancha de tinta · 37
Acercamiento a la ceguera · 38
Un libro · 43
Centro · 44
Cavilaciones sobre el abandono del trazo izquierdo · 45
Registro · 48
El corazón en los zapatos · 49
Vibración · 50
Aguacero · 51

Memoria · 52
Con los ojos para llorar · 54
Acorralada · 55
Mirada · 56
Liberar a Penélope · 57
Resto · 60
Raigambre · 61
Arder en el frío · 62
Otros centros · 63
Gesto · 64
Rastros de humo · 65
Pies · 67
Polillas · 68
Reveses · 69
Equilibrista · 70
Lección de Turner · 71
Aprestamiento · 72
Dibujo al aire · 73
Las palabras · 74
Matria · 75
Simplezas secretas · 76
La Matria de José Coronel · 77
Siluetilla · 78
Pie izquierdo · 79
Ambigüedad de las heridas · 80
Esporas de la memoria · 81
Violenta belleza · 82
Guitarra · 83

Piedra de sal · 84
Cielo de la boca · 85
Oropéndola · 86
Rezo · 87

Epílogo · 89

Acerca de la autora · 95

Colección
PREMIO INTERNACIONAL DE POESÍA
NUEVA YORK POETRY PRESS

1
Idolatría del huésped / Idolatry of the Guest
César Cabello

2
Postales en braille / Postcards in Braille
Sergio Pérez Torres

3
Isla del Gallo
Juan Ignacio Chávez

4
Sol por un rato
Yanina Audisio

5
Venado tuerto
Ernesto González Barnert

6
La marcha de las hormigas
Luis Fernando Rangel

7
Mapa con niebla
Fabricio Gutiérrez

8
Los Hechos
Jotaele Andrade

Colección
CUARTEL
Premios de poesía
(Homenaje a Clemencia Tariffa)

1
El hueso de los días
Camilo Restrepo Monsalve

-

V Premio Nacional de Poesía
Tomás Vargas Osorio

2
Habría que decir algo sobre las palabras
Juan Camilo Lee Penagos

-

V Premio Nacional de Poesía
Tomás Vargas Osorio

3
Viaje solar de un tren hacia la noche de Matachín
(La eternidad a lomo de tren) /
Solar Journey of a Train Toward the Matachin Night
(Eternity Riding on a Train)
Javier Alvarado

-

XV Premio Internacional de Poesía
Nicolás Guillén

4
Los países subterráneos
Damián Salguero Bastidas

-

V Premio Nacional de Poesía
Tomás Vargas Osorio

5
Las lágrimas de las cosas
Jeannette L. Clariond

-

Concurso Nacional de Poesía
Enriqueta Ochoa 2022

6
Los desiertos del hambre
Nicolás Peña Posada

-

V Premio Nacional de Poesía
Tomás Vargas Osorio

Colección
PARED CONTIGUA
Poesía española
(Homenaje a María Victoria Atencia)

1
La orilla libre / *The Free Shore*
Pedro Larrea

2
No eres nadie hasta que te disparan /
You are nobody until you get shot
Rafael Soler

3
Cantos : & : Ucronías / *Songs : & : Uchronies*
Miguel Ángel Muñoz Sanjuán

4
13 Lunas 13 / *13 Moons 13*
Tina Escaja

5
Las razones del hombre delgado
Rafael Soler

6
Carnalidad del frío / *Carnality of Cold*
María Ángeles Pérez López

Colección
VIVO FUEGO
Poesía esencial
(Homenaje a Concha Urquiza)

1
Ecuatorial / Equatorial
Vicente Huidobro

2
Los testimonios del ahorcado (Cuerpos siete)
Max Rojas

Colección
CRUZANDO EL AGUA
Poesía traducida al español
(Homenaje a Sylvia Plath)

1
*The Moon in the Cusp of My Hand /
La luna en la cúspide de mi mano*
Lola Koundakjian

2
Sensory Overload / Sobrecarga sensorial
Sasha Reiter

Colección
PIEDRA DE LA LOCURA
Antologías personales
(Homenaje a Alejandra Pizarnik)

1
Colección Particular
Juan Carlos Olivas

2
Kafka en la aldea de la hipnosis
Javier Alvarado

3
Memoria incendiada
Homero Carvalho Oliva

4
Ritual de la memoria
Waldo Leyva

5
Poemas del reencuentro
Julieta Dobles

6
El fuego azul de los inviernos
Xavier Oquendo Troncoso

7
Hipótesis del sueño
Miguel Falquez Certain

8
Una brisa, una vez
Ricardo Yáñez

9
Sumario de los ciegos
Francisco Trejo

10
A cada bosque sus hojas al viento
Hugo Mujica

11
Espuma rota
María Palitachi (Farazdel)

12
Poemas selectos / Selected Poems
Óscar Hahn

13
Los caballos del miedo / The Horses of Fear
Enrique Solinas

14
Del susurro al rugido
Manuel Adrián López

15
Los muslos sobre la grama
Miguel Ángel Zapata

16
El árbol es un pueblo con alas
Omar Ortiz

17
Demasiado cristal para esta piedra
Rafael Soler

Colección
MUSEO SALVAJE
Poesía latinoamericana
(Homenaje a Olga Orozco)

1
La imperfección del deseo
Adrián Cadavid

2
La sal de la locura / Le Sel de la folie
Fredy Yezzed

3
El idioma de los parques / The Language of the Parks
Marisa Russo

4
Los días de Ellwood
Manuel Adrián López

5
Los dictados del mar
William Velásquez Vásquez

6
Paisaje nihilista
Susan Campos Fonseca

7
La doncella sin manos
Magdalena Camargo Lemieszek

8
Disidencia
Katherine Medina Rondón

9
Danza de cuatro brazos
Silvia Siller

10
Carta de las mujeres de este país / Letter from the Women of this Country
Fredy Yezzed

11
El año de la necesidad
Juan Carlos Olivas

12
El país de las palabras rotas / The Land of Broken Words
Juan Esteban Londoño

13
Versos vagabundos
Milton Fernández

14
Cerrar una ciudad
Santiago Grijalva

15
El rumor de las cosas
Linda Morales Caballero

16
La canción que me salva / The Song that Saves Me
Sergio Geese

17
El nombre del alba
Juan Suárez

18
Tarde en Manhattan
Karla Coreas

19
Un cuerpo negro / A Black Body
Lubi Prates

20
Sin lengua y otras imposibilidades dramáticas
Ely Rosa Zamora

21
*El diario inédito del filósofo vienés Ludwig Wittgenstein /
Le Journal Inédit Du Philosophe Viennois Ludwig Wittgenstein*
Fredy Yezzed

22
El rastro de la grulla / The Crane's Trail
Monthia Sancho

23
Un árbol cruza la ciudad / A Tree Crossing The City
Miguel Ángel Zapata

24
Las semillas del Muntú
Ashanti Dinah

25
Paracaidistas de Checoslovaquia
Eduardo Bechara Navratilova

26
Este permanecer en la tierra
Angélica Hoyos Guzmán

27
Tocadiscos
William Velásquez

28
*De cómo las aves pronuncian su dalia frente al cardo /
How the Birds Pronounce Their Dahlia Facing the Thistle*
Francisco Trejo

29
El escondite de los plagios / The Hideaway of Plagiarism
Luis Alberto Ambroggio

30
*Quiero morir en la belleza de un lirio /
I Want to Die of the Beauty of a Lily*
Francisco de Asís Fernández

31
La muerte tiene los días contados
Mario Meléndez

32
Sueño del insomnio / Dream of Insomnia
Isaac Goldemberg

33
La tempestad / The tempest
Francisco de Asís Fernández

34
Fiebre
Amarú Vanegas

35
*63 poemas de amor a mi Simonetta Vespucci /
63 Love Poems to My Simonetta Vespucci*
Francisco de Asís Fernández

36
Es polvo, es sombra, es nada
Mía Gallegos

37
Luminiscencia
Sebastián Miranda Brenes

38
Un animal el viento
William Velásquez

39
Historias del cielo / Heaven Stories
María Rosa Lojo

40
Pájaro mudo
Gustavo Arroyo

41
Conversación con Dylan Thomas
Waldo Leyva

42
Ciudad Gótica
Sean Salas

43
Salvo la sombra
Sofía Castillón

44
Prometeo encadenado / Prometheus Bound
Miguel Falquez Certain

45
Fosario
Carlos Villalobos

Colección
SOBREVIVO
Poesía social
(Homenaje a Claribel Alegría)

1
#@nicaragüita
María Palitachi

2
Cartas desde América
Ángel García Núñez

3
La edad oscura / As Seen by Night
Violeta Orozco

4
Guerra muda
Eduardo Fonseca

Colección
TRÁNSITO DE FUEGO
Poesía centroamericana y mexicana
(Homenaje a Eunice Odio)

1
41 meses en pausa
Rebeca Bolaños Cubillo

2
La infancia es una película de culto
Dennis Ávila

3
Luces
Marianela Tortós Albán

4
La voz que duerme entre las piedras
Luis Esteban Rodríguez Romero

5
Solo
César Angulo Navarro

6
Échele miel
Cristopher Montero Corrales

7
La quinta esquina del cuadrilátero
Paola Valverde

8
Profecía de los trenes y los almendros muertos
Marco Aguilar

9
El diablo vuelve a casa
Randall Roque

10
Intimidades / Intimacies
Odeth Osorio Orduña

11
Sinfonía del ayer
Carlos Enrique Rivera Chacón

12
Tiro de gracia / Coup de Grace
Ulises Córdova

13
Al olvido llama el puerto
Arnoldo Quirós Salazar

14
Vuelo unitario
Carlos Vázquez Segura

15
Helechos en los poros
Carolina Campos

16
Cuando llueve sobre el hormiguero
Alelí Prada

Colección
VÍSPERA DEL SUEÑO
Poesía de migrantes en EE.UU.
(Homenaje a Aida Cartagena Portalatín)

1
Después de la lluvia / After the rain
Yrene Santos

2
Lejano cuerpo
Franky De Varona

3
Silencio diario
Rafael Toni Badía

4
La eternidad del instante / The Eternity of the Instant
Nikelma Nina

Colección
MUNDO DEL REVÉS
Poesía infantil
(Homenaje a María Elena Walsh)

1
Amor completo como un esqueleto
Minor Arias Uva

2
La joven ombú
Marisa Russo

✺

Colección
LABIOS EN LLAMAS
Poesía emergente
(Homenaje a Lydia Dávila)

1
Fiesta equivocada
Lucía Carvalho

2
Entropías
Byron Ramírez Agüero

3
Reposo entre agujas
Daniel Araya Tortós

Colección
MEMORIA DE LA FIEBRE
Poesía feminista
(Homenaje a Carilda Oliver Labra)

1
Bitácora de mujeres extrañas
Esther M. García

2
Una jacaranda en medio del patio
Zel Cabrera

3
Erótica maldita / Cursed Erotica
María Bonilla

4
Afrodita anochecida
Arabella Salaverry

5
Zurda
Nidia Marina González Vásquez

Colección
VEINTE SURCOS
Antologías colectivas
(Homenaje a Julia de Burgos)

Antología 2020 / Anthology 2020
Ocho poetas hispanounidenses / Eight Hispanic American Poets
Luis Alberto Ambroggio
Compilador

✥

Colección
PROYECTO VOCES
Antologías colectivas

María Farazdel (Palitachi)
Compiladora

Voces del café

Voces de caramelo / Cotton Candy Voices

Voces de América Latina I

Voces de América Latina II

Para los que piensan, como Coral Bracho, que "distendida, la luz se adentra, se impregna", este libro se imprimió en marzo de 2022, en los Estados Unidos de América.

www.ingramcontent.com/pod-product-compliance
Lightning Source LLC
Chambersburg PA
CBHW030119170426
43198CB00009B/667